SALON
de 1863

—

4e LIVRAISON

—

LES SOLDATS

BATAILLES MODERNES — BATAILLES ROMAINES

PAR

HENRI DU CLEUZIOU

PARIS

MARPON, ÉDITEUR, GALERIE DE L'ODÉON

ET CHEZ TOUS LES LIBRAIRES

—

1863

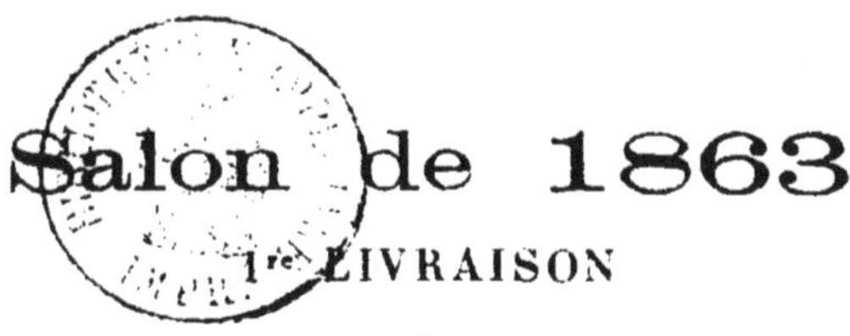

Salon de 1863

1re LIVRAISON

LES SOLDATS

BATAILLES MODERNES

MM. Yvon, Bellangé Eugène, Bellangé père, Sorieul, Philippoteaux, Janet Lange, Beaucé, Charpentier, Dumaresq, Aillaud, Véron, Jumel de Noireterre, Bayer, Protais, Hersent, Voisin, Cornilliet;

BATAILLES ROMAINES

MM. Emile Lévy, Gluck, Clifflart, Feyen-Perrin, Didier, Tabar, Boulanger, Fontaine Baader, Adan;

PAR

HENRI DU CLEUZIOU

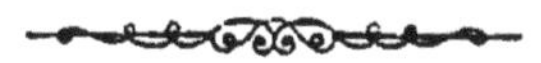

PARIS
IMPRIMERIE DE CHARLES BONNET
42, RUE VAVIN, 42
1863

SALON DE 1863

Les Soldats.

On demandait à Démosthènes quelle était la première qualité de l'orateur? Il répondit l'*action*, et la seconde? l'*action*, et la troisième? l'*action*. Je consultais, il y a quelques jours, un vieil artiste de mes amis pour savoir de lui ce qu'il considérait comme la qualité essentielle du peintre, du sculpteur, même du graveur; il me répondit : la *conviction*, la *conviction*, encore la *conviction*.

Qu'est-ce que c'est qu'un homme sans conviction, d'ailleurs; en politique, ce sont ces pantins qui sautent pour le roi de Prusse, ou pour tout autre roi, à volonté. Ces gens dont la première qualité est de *servir,* et dont l'échine acquiert la plus grande flexibilité à laquelle puisse atteindre le dos du dernier des valets de grand seigneur. Ces gens dont la garde-robe enrichirait un fripier; ils ont été obligés de changer de costume officiel à tous les changements de gouvernement, et ils vivent très-vieux ces gens qui, comme le cube, dans toute espèce de chutes se retrouvent toujours sur une de leurs bases.

En littérature, heureusement, ils n'ont aucune portée et passent emportés par le vent. Qui se souvient de la tourbe qui suivait telle ou telle personnalité grande, exagérant tous ses défauts, copiant toutes ses excentricités, caricatures insupportables d'un type quelquefois très-sympathique.

En religion : les gens sans conviction, pour se prouver à eux-mêmes la foi qu'ils ne peuvent avoir, donnent dans la superstition et dans le fanatisme, et, quand ils s'appellent Catherine de Médicis et qu'ils croient à leur astrologue, plus qu'à Dieu, ils font la Saint-Barthélemy pour se persuader qu'ils défendent la religion. Quand ils s'appellent Françoise d'Aubigné, marquise de

Maintenon, et qu'ils se souviennent de leur naissance protestante, ils ordonnent les dragonnades et révoquent l'édit de Nantes.

En peinture, ils font des tableaux comme M. Yvon.

Par conviction, pour les peintres, je n'entends pas celle de leur supériorité, tous sont parfaitement convaincus de leur génie, depuis M. Courbet jusqu'à M. Gudin, dont le talent vient de subir un effroyable cataclysme (nº 842). Au Salon ils ne quittent jamais la place de leurs tableaux, et viennent tous les jours se contempler dans leurs œuvres, comme de vieilles coquettes, et s'enivrer des louanges de leurs admirateurs.

Par conviction, j'entends la recherche à tout prix du beau et la manifestation la plus grandiose de ce beau. Plus vous approcherez de cette sublimité, plus vous serez grand ; plus vous vous en éloignerez, plus vous serez près du vulgaire et de la foule. Les artistes, les vrais artistes, sont la tribu sainte pour lesquels seuls s'ouvre le rideau du temple. Ils ont aussi parfois des jouissances inconnues. Lorsque dans le jour calme de l'atelier passent ces figures encore vaporeuses et flottantes qu'ils vont fixer sur la toile ou dans le marbre, lorsque voltigent dans leur imagination ces apparences qu'ils voient toujours plus belles, leur cœur, dans l'œuvre de l'enfantement, a d'étranges tressaillements. Comme la prêtresse antique, ils sentent un Dieu qui les soulève. Comme Jean à Pathmos, ils voient le ciel ouvert. Comme Dante, ils pénètrent dans les gouffres. Mais il faut qu'ils aient la foi de ce qu'ils ont vu pour créer leur œuvre, sinon qu'ils renoncent à la contemplation sublime et à toute grandiose manifestation de leur pensée.

Chez eux cette idéale beauté qui a, comme la Béatrix de la vie nouvelle, « frappé les « esprits de la vue, doit revenir s'emparer « complétement de l'esprit de la vie qui « réside dans la voûte la plus secrète du « cœur et le faire trembler avec force. » Alors, seulement alors, il y aura *conception*. Ce fantôme qui s'appelle Vénus, Marie, Marguerite, cette parcelle de poussière qui se nomme César ou Louis XIV, et qu'ils viennent de réchauffer, de faire revivre, il faut qu'ils vivent eux-mêmes de sa vie, pénètrent sa pensée, surprennent ses passions, interprètent son sourire ou sachent les causes de ses larmes. Mais s'ils n'ont pas foi dans elle, s'ils n'y croient pas, dans le grand sens du mot, s'ils n'ont pas la conviction, non-seulement du but de leur art, mais encore du sujet de leurs tableaux, ils feront une mauvaise chose et ne persuaderont jamais. Ils ne sont pas convaincus. Ce sont des augures qui se méprisent eux-mêmes et que nous pouvons bien mépriser à notre tour.

Ceux-là, dans la grande marche ascensionnelle de l'art, j'oserai même dire de l'humanité, ne commanderont pas; ils ne doivent pas marcher en tête, ils feraient dévier tout un monde; qu'ils descendent.

Ne venez pas me dire que leurs tableaux sont bien composés, que ce calme n'est que de la science, que cette simplicité naïve n'est que de la grandeur.

Ils sont impuissants, vides, et voilà tout.

Il y a aussi de la science et de la soi-disant grandeur dans ces académiques discours de pédants de collége dont les périodes ronflantes et sonores s'avancent et se déroulent selon toutes les règles des maîtres anciens et modernes ; pourquoi me font-ils bâiller ?

Dans leurs tableaux tous ces gestes ont été combinés et tenus avec des ficelles, des supports et des mannequins; aucune teinte n'a été composée sans consulter le maître, aucune ligne ne choque, aucun objet n'attire l'œil; ce sont des tableaux d'une propreté inconcevable, composés *selon la formule;* n'est-ce pas madame DE CHATILLON, monsieur AUBERT, monsieur JANMOT, etc.

Mais ils ne pensent point.

Ne venez pas me dire que c'est d'une science de faire, excessive, comme les *maîtres* peintres qui font triste figure cette année ; que tel et tel morceau est admirablement peint ! que cet accouplement de tons était difficile ! qu'il faut être de la partie pour concevoir cela; en un mot, que c'est très-fort.

Je n'ai jamais compris les hommes qui soulevaient des canons.

Pour les académiciens je dirai : allez voir un ballet, vous amuserez-vous à regarder pendant une heure sauter et danser d'après les principes de la chorégraphie la plus savante toutes les poupées qui font tous les soirs la même grimace et le même sourire aux mêmes Napolitains du Châtelet ou des Boulevards? vous en aurez bien vite assez; mais donnez-moi, dans le coin d'une rue de Séville ou dans quelque auberge des Pyrénées, une Espagnole, qui, bondissant sous l'œil de son fiancé ou de son amant, traîne ici languissamment sa danse et se soulève là comme enivrée d'amour et de volupté. Vous la suivrez de l'œil, emporté vous-même dans le tourbillon de ses pensées, et dansât-elle un jour entier, vous resteriez attaché là, comme fasciné par cette sorcière nouvelle, et pourtant l'une a de l'art plus qu'il n'en faut, et l'autre n'a que la nature; c'est que la dernière pense et la première se montre.

Maintenant aux hommes forts qui font des tours de force, je dirai : vous êtes des saltimbanques, et vos tableaux sont faits comme ceux de vos confrères de la foire. Vous aurez beau battre la grosse caisse, on n'entre plus dans vos baraques.

Est-ce que vous n'exposez que pour des peintres? Mais les peintres ne regardent que leurs tableaux à eux, et jamais ceux des autres, si ce n'est pour les critiquer.

Vous exposez pour le public et le public qui n'entend rien à l'art des manieurs de couleurs ne regarde jamais comment sont faits vos tableaux, mais seulement ce qu'ils disent.

Tenez, voilà la grrrande bataille de M. Yvon; est-ce qu'elle dit quelque chose?

Avez-vous voyagé en chemin de fer sur la ligne de Strasbourg, dans un vagon où tout le monde parlait allemand, vous n'en sachant pas le premier mot? vous dormiez, — non ils ne vous laissaient même pas dormir. — Les tableaux de bataille me font absolument le même effet; inutile d'essayer de ne pas les regarder, ils vous attirent l'œil, ils sont rouges et puis ils parlent une langue étrangère à l'art.

On dit qu'il en faut. Il y a des salles vides au musée de Versailles.

Le Français aime le soldat, l'honneur du drapeau, la patrie, la gloire et les tambours battants.

Tant que vous voudrez; mais il y a drapeau et drapeau. Le drapeau de M. Yvon je l'ai vu quelque part, c'est au Cirque, dans les pièces de M. Dennery.

M. Yvon ne croit pas plus à ses batailles que l'auteur de *Marengo* à la réalité de ses figurants. Les zouaves M. Dennery, je me trompe, de M. Yvon, ont des armes irréprochables. Au Cirque nous avons de vrais canons. Ils ont la poussière sur le dos. Voyez donc ceux qui font l'ascension du Saint-Bernard tous les soirs, ils ont bien de la neige, eux. Mais les zouaves de M. Yvon ne constituent pas plus un tableau que les figurants de M. Dennery ne font un drame; tout cela ce sont des machines; tous ces gens-là ne sont pas convaincus.— M. Yvon jadis avait fait mieux, comme M. Dennery;—c'est la commande qui le tue, toujours comme M. Dennery. On s'inspire à ses heures, on ne s'inspire jamais d'autorité. Vous verrez qu'il en arrivera à faire des pièces à femmes, avec ballets et processions. Il commence déjà à éclairer ses toiles avec des effets de cinquième acte.

M. Yvon n'est que le Dennery de la peinture.

Il paraît que dans une bataille le bruit du vent qui soulève les plis des drapeaux produit une sensation profonde. Les barbares faisaient flotter au-dessus des têtes de leurs soldats des dragons qu'enflaient le vent et qui murmuraient au loin des sons étranges. Quand passaient sur nos boulevards les vainqueurs de ces derniers combats, les cœurs, les moins pleins de chauvinisme, se sentaient émus à la vue de ces étendards mutilés, de ces glorieux chiffons, qui disaient tant de choses. Le drapeau, dans la bataille, c'est la famille absente, ce sont les couleurs de la belle choisies et portées par ses tenants, et la belle c'est la patrie.

M. Bellangé (Eugène) a bien compris cette poésie de l'étendard. C'est un homme convaincu de sa bataille. Mais la foi seule le sauve. A Solférino le 91e de ligne est en présence de l'ennemi : « Le jeune porte-drapeau de Guiseuil, grièvement blessé dans la lutte, remet au sous-lieutenant Tollet le drapeau mutilé, dont un biscaïen venait d'abattre l'aigle. A peine le nouveau défenseur s'en est-il emparé, qu'une balle ennemie l'atteint mortellement à la tête. Alors le sergent Bourraqui, s'avançant avec audace, reprend à son tour le drapeau compromis qu'il sauve aux yeux mêmes de l'ennemi après avoir ramassé l'aigle et l'avoir suspendu par la cravate à son bras gauche. »

Il est une furie que demande la bataille, mais que ne peut supporter la peinture. M. Bellangé, tellement plein de son sujet, en a mis un peu trop dans sa toile, son dessin devient incorrect, qu'il demande des conseils à qui de droit et les suive. M. Bellangé s'est montré tellement artiste dans le choix de son sujet que nous nous sentons peu le courage de le blâmer autrement de son exécution.

Il émeut, il frappe au moins, lui, et nous passons froids devant tant de morts, de blessés, de vainqueurs, de vaincus, de soldats, de cavaliers, d'officiers, de généraux, qui tous posent, mais ne parlent pas.

M. Sorieul s'est épris de même de ce fameux drapeau du 91e. C'est à la courtine de Malakoff qu'il nous le montre enseveli sous des pans de mur, des débris de poutres et des cadavres, mais tenu dans la mort par la main qui avait juré de le défendre. Ce n'est pas l'incorrection du dessin qu'on reproche à M. Sorieul, il a l'exagération du défaut contraire et pousse l'habileté jusqu'à la sécheresse. Il aurait dû donner un peu de sa patience à M. Bellangé (Eugène), et celui-ci lui communiquer un peu de son feu, et le 91e aurait eu deux interprètes dignes de lui.

M. Bellangé (père), qui nous avait donné, il y a deux ans, un si poétique champ de bataille (*les Deux Amis*), a laissé cette année marcher devant lui ses élèves. Dans cette étude des combats ; à peine un petit épisode de Magenta.

Il se complaisait à parfaire sa revue sous l'Empire.

Aux débuts de la *Femme de trente ans* de M. de Balzac, il est une description, comme en sait faire ce maître, d'une « magnifique parade, » dans la cour des Tuileries en 1813 : un vieillard, une jeune fille, la ravissante Julie, un bel officier, le colonel Victor d'Aiglemont, animent ce défilé déjà si plein de vie, et l'on voit « ondoyer comme les arbres d'une forêt courbés sous un vent impétueux, les immenses plumets, les bonnets à longs poils, toutes ces masses bariolées d'argent, d'azur, de pourpre et d'or, qui défilent devant l'homme pour qui, ce jour-là, le soleil avait chassé les nuages du ciel. »

Je ne sais si M. BELLANGÉ s'est inspiré de Balzac. Mais ce que vous avez rêvé en lisant les pages du grand écrivain, vous le voyez en regardant la toile de M. Bellangé, tout jusqu'aux gamins qui suivent les sapeurs, jusqu'à l'enthousiasme de la foule, jusqu'aux cris des bataillons et jusqu'à « son impassibilité à *lui*. »

Pourquoi M. BELLANGÉ (Eugène) ne dessine-t-il pas comme son père ?

Vous parlerai-je maintenant de MM. PHILIPPOTEAUX, JANET-LANGE, BEAUCÉ. Ces amusantes illustrations militaires sont très-jolies d'effet. Le *Montebello* de M. PHILIPPOTEAUX même, fait avec la conscience qu'il met dans toutes ses œuvres, a un entrain que l'on rencontre rarement chez lui. Mais je cherche encore des vrais tableaux de bataille. Ce n'est pas M. CHARPENTIER qui m'en donnera, oh ! non ; ni même M. ARMAND DUMARESQ qui avait touché si juste il y a deux ans ; ni M. AILLAUD, ni M. THÉODORE VÉRON, qui les surpasse tous en banalité. C'est M. JUMEL DE NOIRETERRE. Voilà un homme auquel on ne peut refuser de conviction militaire et qui joint la science des camps à un talent qui serait très-intéressant s'il voulait rester dans sa sphère.

On peut faire des panoramas de bataille. Van der Meulen en a bien fait, et je conseille à M. JUMEL de l'étudier. On peut même faire des cartes de siége. Jacques Callot a réalisé des chefs-d'œuvre sur cette simple donnée. Que M. JUMEL et même M. BAYER, son confrère, étudient le siége de Bréda et les travaux de la Rochelle. Ils verront ce que l'on peut faire avec les plans d'état-major quand on a du génie. Mais je donnerais toutes les toiles de ces deux braves officiers pour la moindre eau-forte du gentilhomme lorrain.

Ces malheureux tableaux forcent le rire. Ils entraînent avec eux des associations d'idées incroyables.

Lorsque vous vous enfoncez sous la voûte obscure d'une église et qu'une sainte vapeur d'encens vient comme vous envelopper d'un nuage, vous rêvez malgré vous aux jours de votre enfance, à ces instants où, dans la petite église de *là-bas*, vous aviez vu s'ouvrir le beau ciel tout plein d'anges roses et bleus qui chantaient sur des harpes d'or

Quand au détour d'une rue vous frôlez la robe d'une femme à la tournure modeste, dont à peine vous avez entrevu les traits, et qui laisse derrière elle je ne sais quel parfum d'honnêteté qui vous reporte de suite à la chambre toute blanche de la sœur aînée, vous revoyez ces frais ombrages du toit si cher où cette sœur s'essayait au rôle de mère en surveillant vos gambades, en vous couvrant de baisers, sourires aimés, douces caresses. Voici venir jusqu'aux grands chiens des chasseurs, jusqu'à la figure bouffie de la servante, et vous allez par la ville, le sourire aux lèvres, les yeux pleins d'images lointaines et le cœur débordant de souvenirs.

Jamais l'on ne s'arrête devant ces malheureuses toiles de M. JUMEL sans associer à ses tableaux l'idée de quinquets fumeux, de musiciens allemands avec trombonne à contre-mesure, de petits généraux à mouvements saccadés, de petits soldats mécaniques, de petites lampes à alcool brûlant tranquillement derrière du carton peint qui s'est appelé successivement Alger, Constantine, Malakoff ou Solferino.

Ne forçons point notre talent,
Nous ne ferions rien avec grâce.

Elles ont leur place toute marquée dans ces musées où l'habitant de Brest, de Cherbourg, de Toulon, de Rochefort ou d'ailleurs, vient montrer à son épouse, dans les plans en relief de ces villes, la maison qu'ils occupent sur la place d'armes ou dans la rue de Siam. Mais n'en fatiguez pas les salons, elles tiennent tant de place!

Je ne sais pourquoi les peintres choisissent toujours leurs scènes dans des moments où il est impossible de les voir, et où la poésie des combats perd son caractère pour prendre celui du meurtre, de la boucherie, de la tuerie, inexplicable chez l'homme, qui révolte son caractère et le fait descendre à l'état de brute. Nous n'aimons pas voir la mort.

Nous la désirons, nous l'appelons même, mais, quand elle vient, nous ne lui demandons plus que de recharger le fardeau qui nous semblait si lourd et de se retirer au plus tôt. Nos aïeux du grand siècle la proscrivaient même du théâtre. — Mais depuis qu'avec notre école moderne nous avons, comme dit Barbier :

Apprivoisé nos yeux au sang des assassins,

la chose passe encore assez facilement sur la scène ; grâce aux nouvelles émotions des théâtres à bêtes féroces, je crois que nous finirons par accepter une toute petite réalité. Après tout, les Romains qui nous traitaient de barbares en ont bien fait autant.

Quoi qu'il en soit, dans nos batailles

modernes, nous n'osons trop regarder les cadavres. Autour de moi, l'autre jour, j'entendais dire : c'est là qu'il a été tué, et devant les yeux des jeunes filles qui parlaient de la sorte passa comme l'apparence d'une âme, elles se retournèrent vite et s'en furent. Triste, triste ; ainsi que dit le chasseur à pied de M. Protais, devant l'Autrichien qui gît à ses pieds.

C'est un vrai peintre de batailles, que M. Protais. La mort est là qui plane dans toutes ses toiles, et il n'y a ni tuerie, ni boucherie, ni coups de sabre, ni coups de fusil.

On sent *la funeste* sous cette neige triste, légèrement teinte de sang, dans ce soleil qui se lève blanc, calme, sur des prairies où les fleurs se dressent pour vivre, dans ces plaines où il se couche rouge de meurtre, éclairant à peine le repos des combattants. M. Protais est poëte avant d'être peintre, et c'est pour cela qu'il est si vrai.

Ils sont là calmes ces jeunes (trop jeunes peut-être) chasseurs à pieds avec leur costume bleu si sévère; les vieux sergents s'occupent de boutonner leurs guêtres ou d'arranger la batterie de leur carabine. Les autres, l'œil attentif, attendent; les clairons regardent le signal du chef qui leur impose silence de la main, et devant, bien droit, bien jeune, souverainement courageux, l'officier. Cet officier si philosophe, que nous retrouverons ce soir, revoit peut-être en rêve des visages aimés qui pensent à lui, mais sent là, tout près, des hommes qu'il commande et dont il tient la vie dans les mains.

Il y a dans cette toile un sentiment, une conviction, un talent immense.

J'aime moins le Repos après la bataille: j'aime moins ce pantalon rouge qui fait tache, et cet embrassement peut être banal.

M. Protais est tellement délicat, fin, aristocratique, dans le sens grand du mot, qu'on ne peut lui passer l'apparence d'une banalité.

Il est là encore le jeune lieutenant ou capitaine (je ne m'y connais pas, en épaulette), qui, le sabre au fourreau, jette à ce cadavre autrichien ce regard si profond dont je parlais tout à l'heure; les clairons sonnent la retraite debout sur une éminence, — et les sergents du matin allument tranquillement leur pipe en gardant les prisonniers.

Dans son retour de la tranchée (Crimée), au premier abord on voit moins de pensée dans l'ensemble. Le froid, la neige, semblent avoir glacé les figures encapuchonnées, — mais un peu de sang par terre, un képi jeté près de ce sang et le regard des hommes qui passent, à ce sang et à ce képi, suffisent pour éclairer, pour illuminer ces malheureuses figures toutes enfroidurées.

M. Protais s'ouvre vraiment l'avenir avec cette personnalité sentimentale, et nous applaudissons des deux mains et du cœur au succès brillant que lui font ses tableaux du salon. On se repose doucement en contemplant ces œuvres délicates au milieu des grossières et sanglantes toiles de tous ses confrères en batailles.

Et c'est à peine, après lui, si l'on jette un coup d'œil à deux ou trois scènes analogues, dispersées dans le reste de l'exposition, et pourtant les prisonniers de

M. Hersent ont une assez bonne tendance. Encore une lutte de M. Voisin, avec son zouave à moitié mort et qui retrouve une étincelle de vie pour chasser un vautour qui le rongeait déjà, est digne d'attention. Et la charge de dragons de Waterloo, de M. Cornilliet, a conservé quelque chose de l'impression navrante du peintre des misérables.

La mort dans cette dernière toile toute inspirée par la poésie du maître, commence déjà à se voiler d'oubli et à emprunter aux âges le charme de la légende.

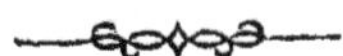

Quand les combats qu'on nous montre se perdent derrière les siècles, l'horreur en diminue, notre esprit se rassure, ces épées ne sont pas tenues par des mains que nous avons serrées; ces guerriers, nous ne les connaissons pas, et le peintre lui-même plus libre de son sujet arrive facilement au pittoresque, à la couleur, à la composition, l'antiquité porte au rêve, l'actualité jamais.

Non pas l'antiquité de David et de son école, et ses hommes peu costumés qui se battent avec une ardeur extraordinairement mesurée dans des terrains qui le sont encore plus.

Non pas ce moyen âge créé sous la restauration, avec ses pages à toques, à plumes et ses châtelaines coiffées à la Corrine et vêtues de robes grecques.

Mais l'antiquité telle que l'on commence à l'étudier de nos jours, avec toutes les recherches archéologiques de nos savants.

La peinture ici a vraiment une œuvre pieuse et grande à faire.

Elle s'y met de bon cœur, il faut l'encourager. Autrefois on commençait l'histoire de France à Pharamond auquel remontait incontestablement Louis XVIII, comme le démontre le Père Loriquet (pages 31 et 87, tome Ier); il nous a semblé plus intéressant de jeter là Pharamond, le Père Loriquet et Louis XVIII et de rechercher dans nos origines des ancêtres plus libres.

Un monde nouveau s'est dressé grâce aux travaux remarquables de nos historiens, M. Amédée Thierry et Henri Martin. Le voile que jetait l'indifférence française sur cette malheureuse mais si grandiose race gauloise est tombé.

Les peintres, les sculpteurs, se sont épris de ces grands *chefs de famille*, de ces valeureux *colliers d'or*, qui ont si vaillamment défendu leur liberté contre le peuple le plus tyrannique du monde, conduits par l'homme dont le nom est devenu le type de l'autocratie la plus révoltante.

Merci à eux de rêver à ces brillantes luttes d'indépendance. Merci à eux de laisser de côté Vénus, Minerve, Mercure, Jupiter et Junon, et de penser un peu à Velléda, à la Gaule libre, à Vercingétorix, à à tous ces *barbares*, chez qui la civilisation raffinée de la Grèce, Aristote et Pythagore entre autres, trouvaient une philosophie si sublime. Peut-être un jour verrons-nous la fée blanche Koridwen remplacer la sagesse antique, et le brillant Héol aux rayons de flammes détrôner Apollon qui lance au loin ses traits. Certes, ces magnifiques symboles de la religion de nos aïeux sont tout aussi dignes de figurer dans nos musées que tous ces paillards de l'Olympe, si vertement tancés par Cyrano de Bergerac et surtout par ce joyeux curé de Meudon, qui cachait une si profonde sagesse sous un rire si plein de joyeuseté.

On nous a déguisé ces héros sous des costumes tellement burlesques, que nos yeux, habitués dès l'enfance aux couronnes en pointes de fer, aux manteaux rouges agrafés sur l'épaule, ne peuvent manquer d'attacher un ridicule achevé à ces grandioses personnalités si magnifiques de simplicité grave et de surprenante indépendance.

Fouillez nos musées, ouvrez nos historiens, nos antiquaires, nos archéologues. Vous voulez du neuf en voilà. Pourquoi remuer la poussière des boudoirs ou des ruelles de la Régence et de Louis XIV. Pourquoi rechercher avec tant de soin les habitudes des Aspasies, des Phrynées d'Athènes, et ne vaut-il pas mieux respirer l'air libre de la Gaule indépendante et l'âcre parfum des landes, couvertes de menhirs, que les nauséabondes exhalaisons des gynécées de Rome, de Carthage ou de Corinthe.

Ressuscitez l'image glorieuse des vaincus de César, leurs nobles figures valent bien les sodomiques profils des mignons de

Henri III ou la servile courtisannerie des amis de M. le duc de Saint-Simon.

Parmi ces chercheurs dont le cœur s'est ému à la lecture de ces exploits des hommes qui furent autrefois, nous devons citer d'abord M. Emile Lévy. C'est Vercingétorix lui-même que le jeune peintre a voulu nous montrer se rendant à César. Au moment où couvert de sa brillante armure il arrive à cheval au galop, tourne trois fois autour du siége du pronconsul, jette à terre son glaive, son bouclier, son casque « et se tait. » Malheureusement l'école se sent encore trop dans l'essai de M. Lévy. Ces malheureuses traditions l'empêchent de marcher. Il est trop romain, qu'il me pardonne l'expression, pour peindre la plus belle page de l'histoire gauloise. Son Vercingétorix a le geste théâtral, un peu plus de sauvagerie irait mieux au grand chef de cent têtes.

Son proconsul est froid, ses guerriers posent, et le ton général de son tableau est trop clair pour la brumeuse lueur d'un jour de défaite.

Quand M. Lévy se sera un peu *désitalianisé*, il pourra mieux qu'un autre entreprendre l'interprétation de ces splendides pages de notre histoire.

M. Gluck, au contraire, a parfaitement saisi le ton du paysage gaulois. Sa colline laisse penser à Gergovie ou à la fameuse Alésia. Son ruisseau, qui serpente dans la vallée, est en plein dans le caractère de ce primitif pays. Et ses soldats, qui ne s'occupent pas tant que ceux de M. Lévy de se montrer, sont bien les terribles envahisseurs, les funestes légionnaires de l'homme chauve de Rome la grande. Il y a là de la couleur, du mouvement, de la vie, en un mot, dans sa toile, on entend le galop des cavaliers et les sons lugubres des trompettes recourbées.

Un seul défaut, pourquoi ne pas avoir un peu plus motivé son sujet?

Il faut beaucoup penser en peignant.

A Bruges, dans l'église Notre-Dame, pend un heaume de fer au-dessous duquel se balance un écu blasonné de je ne sais quel signe héraldique, qui porte sur le ruban pour devise ces seuls mots :

Plus est en vous.

Ç'est le cri de la famille de Gruyt-Luis.

Ce plus est en vous m'a souvent fait songer. La pensée de l'homme luttant contre la matière ne peut jamais arriver à la dompter à son gré. Le peintre rendant son idée lutte contre une force d'inertie qu'il ne domine jamais. Sa pensée se cache, se brouille et disparaît quelquefois dans cette lutte; et quand il a terminé son œuvre, debout devant sa toile, il s'écrie : « Plus est en vous. »

L'homme qui survient et qui tout à coup saisit sur la toile les vestiges de cette pensée la retrouve telle que l'artiste l'avait vue tout entière et quelquefois l'agrandit, la conçoit. Plus le peintre a laissé de vestiges, plus la pensée se retrouve facilement plus elle frappe d'intelligences, plus elle est humaine.

Les peintures de Raphaël plaisent à l'homme ignorant des campagnes, comme aux savants des villes. M. Gluck n'a pas laissé assez de vestiges de sa pensée dans sa bataille romaine; sans cela elle aurait pu devenir autre chose qu'une simple bataille romaine.

Il avait bien nommé Hoh-Andlau son seigneur empanaché, fantastiquement grimpé sur une haquenée et suivie de ses soudars, sortant d'un donjon, qui, pour n'avoir pas les silhouettes matagrabolisantes des châteaux de Gustave Doré, n'en conserve pas moins un aspect bien plus formidable. Ces chevaliers sont bien les Burgraves du poëte. Les Burgraves aux trois armures : la première faite de courage, leur cœur; la seconde d'acier, leur vêtement; la troisième de granit, leur forteresse.

Pourquoi n'a-t il rien trouvé pour les Romains de César?

Oh! la pensée! la pensée!

Il est des peintres qui s'amusent à rapprocher des tons, à chercher des *petites choses*, à pommader leur toile, et qui, en s'éloignant, disent : cela fait bien. Ils mettront ici un enfant, là une femme, pourquoi? parce que *cela fait bien.* Comme les gandins qui s'astreignent au martyre du lorgnon, de la badine, du col créneau, parce que cela fait bien. S'il m'était permis de faire ici une excursion dans le domaine du paysage, sans trop sortir de mon sujet, je vous dirais de demander à M. NAZON, à M. DARGENT, à M. HARPIGNIES, s'ils se sont occupés de ce qui *faisait bien.* — Il ont vu, ils ont rendu et ne se sont arrêtés que quand ils ont pu dire : *c'est cela.*

Ah! vous croyez, monsieur CLIFFLART, que vous faites de la peinture en accumulant des bonnes gens de je ne sais quel pays, avec des chevaux à la Salvator, qui se battent pour je ne sais quoi et qui prennent des villes à propos de bottes. Mais laissez-moi donc tranquille avec vos narrations de rhéthorique et tout votre sorbonique attirail. Quand on a de l'imagination comme vous et qu'on a fait un Faust qui était presque à la hauteur de Gœthe, on ne s'amuse plus à dessiner des chevaux, des hommes, des casques, des jambes, des bras, qui font bien, et à écrire au bas : *Combat*, *Ville prise*, David vainqueur.

On croirait que vous avez influencé M. Feyen-Perrin qui se figure intéresser avec sa collection de modèles nus qui se battent sans aucune conviction, et même M. Didier qui, malgré son simple titre, avait mis une grande poésie dans sa défaite.

Victrix causa diis placuit sed victa Catoni.

Ce guerrier qui doit être romain, emportant sur sa selle un cadavre et regagnant tristement son camp, mériterait bien pourtant de porter un nom quelconque, et la peinture de M. Didier n'aurait pas dû rester une peinture bâtarde. J'aime mieux toutefois cette franchise que la ruse de M. Tabar qui, pour motiver un paysage assez original de silhouette où grouille une espèce de multitude et qu'éclaire un soleil couchant, a juché un cavalier sur l'aspérité d'un roc et a écrit au livret, Josué arrêtant le soleil. — Quand on pense à la superbe composition de Decamps sur ce sujet, ces petites choses vous font rire.

Un homme qui a voulu vraiment lutter avec son sujet, et qui a sérieusement étudié les pages d'histoire qu'il voulait interpréter, c'est M. BOULANGER. Ce César blanc dans ce pays couvert de neige, suivi de sa fameuse légion, traînant des machines de siége et marchant à pied, peut-être d'une manière un peu emphatique, à la tête des siens, l'œil calme et plein d'ambition, la figure férocement tyrannique, est bien « l'homme qui sait conquérir les soldats par la gloire, pour conquérir Rome par les soldats, » cet homme qui ne veut pas de second, cet aristocrate patricien qui se fait l'homme de ses guerriers et marche comme eux, mais à leur tête.

Il y a une étude sérieuse dans cette toile.

C'est une vraie composition, pleine de noblesse et d'une sobriété vraiment grande.

Ce Caïus Julius César est certes plus vrai que celui de M. FONTAINE qui a voulu faire du dramatique avec sa barque de pirates, et qui n'a pas réussi à sortir du trivial et du commun, malgré son brillant effet d'orage.

La préoccupation de l'effet a fait faire fausse route de même à M. BAADER; sa toile, la *Révolte des Bretons* de Camulodunum, a l'air d'être inachevée, la silhouette des guerriers, des étendards, des chariots, est heureuse, elle coupe le ciel d'une manière étrange et très-jolie d'effet, mais son premier plan, sa foule est puérile et sans conscience aucune.

Et pourtant il y avait un commencement sérieux d'étude dans ce tableau tué par la recherche trop avide du pittoresque.

Un peu plus de sentiment vrai aurait relevé cet élan d'un peuple vers la liberté.

Le pittoresque n'exclut pas la conviction. Voyez plutôt M. ADAN. Certes, la forêt Hercinie avec ses profondeurs sauvages, ses rochers abruptes, ses arbres, ses broussailles, ses ravins et ses torrents desséchés, devait avoir le caractère que M. ADAN leur a donné dans cette sombre toile à laquelle nous souhaitons d'être exposée dans un jour plus favorable.

Des squelettes pendus aux branches et qu'agite un vent lugubre, des carcasses de chevaux jonchant l'herbe jaune et jetées dans ce milieu plein d'horreur, vous font passer comme un frisson dans l'âme. Le dernier soldat de Varus, qui se traîne au-devant de Germanicus et lui présente l'aigle de la dix-neuvième légion, anime cette scène vraiment grande d'une belle horreur. Voilà du romantique ou je m'y perds. M. ADAN a rendu splendidement cet épisode de la conquête romaine.

On sent la barbarie germaine dans ce sujet; on est saisi d'effroi devant ces suites des massacres, ces conséquences de la guerre.

La guerre, nous en avons fini avec cette funeste chose et nous n'aurons plus à parler de cadavres, d'invasions, de morts, ni de blessures ; assez de sang comme cela.

Quand donc viendra le jour où nous n'aurons plus de peintre de batailles, où l'humanité libre marchera de commun accord vers un but plus grand, où cesseront les combats, où les nations réunies se donneront pour toujours sans fraude le véritable baiser de paix. « Jour où, comme le dit le grand poëte, le globe entier sera vraiment civilisé, où tous les points de la demeure humaine seront éclairés et où sera dès lors accompli ce magnifique rêve de l'intelligence, avoir pour patrie le monde et pour nation l'humanité. »

2044. — Paris. Imp. de Ch. Bonnet, 42, rue Vavin.

Salon de 1863

2e ET 3e LIVRAISONS

LES GENS D'EGLISE

LES SATIRIQUES ET LES RELIGIEUX

MM. Bonvin, Léon Bailly, Legros, Soyer, Holfeld, Léon Gauthier, Mlle Eudes de Guimard, MM. Roux, Rœhn fils, Breton, Salentin, Muller, Lafon, Heilbuth, Mme Armand Leleux, MM. Carolus Durand, Boilly, Ribot, Meunier, Léonard, Mlle Nélie Jacquemart, MM. Holtzapffel, Anker, Van-Hove.

MM. Mayer, Cambon, Crauk, Leveau, Janmot, Sieurac, Omer Charlet, Desgoffe, Guillemet, Hirsch, Grellet, Roux, Schopin, Gastine, Richomme, Leygue, Gendron, Bremond, Maison, Honoré Pinel, Bonnat, Claudius Jacquand, Dumas, Larivière, Navlet, Jalabert, Brion, Matout, Bourcart, Maillot, Chazal, Etex, Chamerlat, May, Poggi, Tissot, Flandrin, Le Henaff, Mmes Laure de Châtillon, Colard, MM. Benedict-Masson, Cazes, Doze, Ranvier, Reynier, Alphonse Colas, Signol, Quantin.

PAR

HENRI DU CLEUZIOU

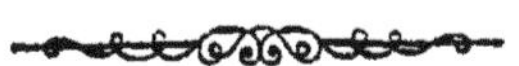

PARIS

IMPRIMERIE DE CHARLES BONNET

42, RUE VAVIN, 42

1863

Les Gens d'église.

Il y a quelques mois à peine, j'étais arrêté devant le porche ogival d'une petite église du Finistère, qui dérobe humblement dans le fond d'une campagne déserte les trésors les plus rares des *tailleurs de pierre* du xve siècle.

C'était au Folgoat, près Lesneven, encore au delà de Landerneau, — dans un pays perdu. J'admirais la suavité virginale d'une sainte Marguerite que le chaste ciseau de *l'oupvrier* avait rendu tellement mince qu'on retrouvait à peine les traces du corps dans cette pierre toute pensée.

Le soleil se jouait dans les dais fouillés à jour et projetait des ombres délicates sur le mur gris. Les apôtres aux longues robes traînantes causaient avec saint Pierre dans le portail, et les vignes, les choux frisés, les branches de houx aux mille pointes dorées par je ne sais quelle rouille du temps, s'enroulaient capricieusement au milieu des ogives, en dissimulant çà et là le corps gracieux des bestelettes blanches de la bonne duchesse.

On lit tout un poëme dans ces sublimes prières que la foi des anciens lançait vers le ciel, et tout parle dans ces églises, depuis le banc de repos du pèlerin jusqu'aux flèches si hardies qui se perdent dans les nuages.

Je cherchais à déchiffrer les premières lettres de ce poëme, quand un sculpteur parisien dont je regrette de ne pas voir le nom figurer au livret cette année, mais qui a laissé bien des traces de son ciseau dans les récentes constructions de la capitale. M. Buors vint me frapper sur l'épaule.

Quand on est en pays étranger et que le son d'une voix française arrive à vos oreilles, le cœur vous bat. A ce bout du monde la vue d'un artiste vous fait éprouver la même sensation.

Nous étions arrêtés devant une gargouille d'une monstrueuse indécence.—Ça, me dit mon compagnon, c'est une *vengeance.*

Ces seuls mots renfermaient pour moi toute une révélation chez ce nostalgique Breton qui rêve de landes, de mer sauvage, de bruyères et de tristesse en travaillant au Louvre, —chez ce nostalgique artiste qui pense à la rue de l'Ouest, aux gais repas des amis, aux discussions d'art et aux frises de Jean Gougeon en travaillant au Folgoat.

Il me conduisit dans son atelier. — C'était le porche voûté de la chapelle où causaient les apôtres dont je parlais tout à l'heure.— Là, découvrant quelques statues ébauchées, il me dit : — Voilà des saints que l'on me demande, et je dois leur donner une banalité de geste, de tournure, de maintien assez grande pour que l'on en puisse faire avec un simple changement d'instrument, couronne d'épines, clef, glaive, bâton, hache, etc., des *Ecce homo*, des saints Pierre, des saints Paul, des saints Jude, des saints Mathias, ou autres à volonté.— Au bout d'un an de ce genre de travail on a en horreur tout le paradis.

Et quand par bonheur il vous tombe un diable à faire, on lui donne la figure des modernes saints qui vous persécutent.

Les renards prêchant les poules, les porcs jouant de l'orgue, les ânes mitrés, les moines aux postures immondes qui sortent de tous les toits de nos vieux hôtels, de nos vieux monastères et de toutes nos églises, —ce sont des vengeances.

Je vous voyais tout à l'heure en contemplation devant l'adorable statuette de sainte Marguerite. Figurez-vous donc l'artiste qui rêve cette enfant si charmante et si pure, et qui est tiré de sa rêverie par la vue d'un chapitre de Rabelais en action. Donnez-lui donc à faire une gargouille. Il se vengera, soyez-en sûr.

Je viens de parler de Rabelais. Pantagruel est une gargouille, une vengeance encore.—Alors, c'était le seul moyen d'émettre sa pensée. Sur l'horizon se dessinait *la Justice* du couvent ou de la seigneurie, et le vent vous apportait de ce gibet odieux des bruits sinistres, des craquements d'os.

On faisait des gargouilles !

Cette savante explication de M. *Buors* m'est revenue en mémoire au salon, en voyant les tableaux de MM. Legros, Léon Gauthier, Soyer, Roux, Heilbuth, etc.

Je me suis demandé si ces messieurs n'avaient pas été forcés de faire quelques vierges rouges et bleues, quelque saint François ou sainte Madeleine de commande, sur le prix desquels on aurait discuté pendant plusieurs mois et qu'on leur aurait laissés pour compte comme on laisse un habit mal fait à un tailleur.

Leurs chantres, leurs enfants de chœur, leurs curés, leurs sacristains, ont des mines tellement réjouissantes qu'on serait tenté de le croire.

N'est-il pas du reste toujours permis à la *satire* de flageller les *Lutrins.*

Les chanoines vermeils tout brillants de santé.

Boirude le puissant porte-croix, le zélé Gilotin, Sidrac et Marineau.

Gorillon la basse et Grandin le fausset.

Les coussins de l'alcôve, les dîners refroidis et tous ces pieux fainéants, que fustigeait si bien le vertueux Boileau.

S'ils n'aimaient pas le vers au XVIIe siècle, ils n'aiment guère la peinture au XIXe.

Passons donc aux artistes leur verve burlesque et que la leçon soit profitable aux gens d'Eglise.

Depuis la révolution, ils ont plus détruit, par ignorance, de peintures et de sculptures en France que le fameux marteau démolisseur n'en avait abattu pendant la Terreur.

Les arts se réfugièrent jadis dans les couvents.

Il y a bien longtemps qu'ils en sont partis.

Sont-elles froides, tristes, lugubres, maussades, ces tombes anticipées où se promènent des personnages chez lesquels les passions voilées et chastement dissimulées, mais loin d'être éteintes, se traduisent par des gestes pleins d'obéissance haineuse.

Voyez *les Religieuses* de M. Bonvin, comme elles saluent la supérieure les unes avec bassesse, les autres avec ironie, celles-là avec fierté, celles-ci même avec mépris.

Il entre tant de fiel en l'âme des dévotes.

M. Bonvin, tout en travaillant sa peinture comme un vrai maître, cache souvent plus de pensée qu'on ne croit dans ses toiles.

M. Léon Bailly dans ses *Nonnes au lutrin* n'a mis lui que de la sécheresse. Ses religieuses sont cousines germaines de cette tant saincte et supernaturelle Petronille du couvent de Poissy (253 contes drolatiques). Puisqu'il aime à faire des frocs, il aurait dû laisser un peu d'âme dans ses chartreux qui se promènent comme dans ses nonnes qui ne chantent point.

Un Lutrin moins roide et bien plus pittoresque, c'est celui de M. Legros, peint avec toutes les qualités que l'on reconnaît à cet artiste.

Ses personnages ont bien l'excentrique fatuité que doivent posséder des massiers, des chantres et des bedeaux, dans l'exercice de leurs fonctions. M. Legros s'est imprégné profondément de cette vie d'église. On sent dans son *Lutrin* le suif verdegrisé, l'âcre odeur de la sacristie, les pouces graisseux des chantres à gages. La flânerie musarde des servants de messe et la dignité gravement ridicule de tous ces subalternes importants.

La Répétition avant la messe de M. Soyer, presque aussi satirique, a beaucoup plus de bonhomie. C'est une simple antienne chantée dans la coulisse, le chantre y bat la mesure, on ne s'y gêne pas, les enfants préparent l'encensoir, l'ophicléide se livre à toutes ses fantaisies musicales.

On est dans un petit coin d'une petite sacristie du département de Seine-et-Oise.

Les enfants viennent de jouer aux billes

sur la place, et n'ont en rien la convenance des jolis petits chantres, bien moirés, bien roses, bien ponponnés, dignes en tout d'un chapitre de cathédrale, de M. Holfeld.

Jusqu'ici on ne faisait autre chose que chantonner dans nos lutrins ; on crie à tue-tête dans celui de M. Gauthier. Depuis le bataillon des soutanes rouges, qui vous écorche les oreilles en soprano, jusqu'à la réserve des gros chantres qui scandent méthodiquement les versets majestueux du *Te Deum*, tous font de leur mieux.

C'est bien un *Te Deum* que vient d'entonner cette troupe sacrée, les encensoirs fument, il y a de la joie sur toutes les figures, de cette joie épaisse qui s'épanche en suant à grosses gouttes et en vociférant du latin qu'elle ne comprend pas.

M. Léon Gauthier a de la verve, de l'action et beaucoup d'observation pittoresque, sa *Procession de Panilleuse, au tombeau de saint Adjutor*, est une paysannerie très-amusante, avec son sonneur en sabots, en pantalon bleu, les épaules revêtues d'une dalmatique, paysan par le bas, sacristain par le haut, son porte-croix grimaçant, ses bannières et ses jeunes filles blanches, le tout dégringolant un chemin creux avec cette démarche brutale et extravagante que possèdent seuls les hommes des champs, comme les appelle M. l'abbé Delille.

Si mademoiselle EUDES DE GUIMARD avait un peu mieux étudié cette brusquerie sauvage, elle aurait pu nous donner autre chose que cette calme et sainte réunion de costumes bretons, avec un joli petit reposoir vert dans le fond, qu'elle intitule *Procession de la Fête-Dieu au bourg de Batz*. Mais il n'est pas donné à tout le monde de pouvoir se faire enfoncer les côtes par les robustes coudes des paludiers d'*Escoublac*, et pour se hasarder dans ces foules, pleines de rudesse primitive, il faut avoir les pieds faits à bien des tortures.

On aime assez le vin des Gaulois et la danse en ces pays de haulte graisse ; à l'église comme à la foire on se bouscule à qui mieux mieux. N'y a-t-il pas des absolutions toutes prêtes pour ces jours de fête où l'on boit, où l'on saute, où l'on prie, où l'on chante, où l'on bénit Dieu à plein cœur et à pleins poumons, d'avoir fait l'air si pur et la terre si féconde.

On les appelle dans ces contrées des jours de *pardon*, probablement parce que d'avance on se frappe la poitrine de toutes ces joyeuses fredaines, qui ne sont en somme que des péchés véniels,

Consultez ce brave curé de M. Roux, qui, la lèvre empourprée, l'œil vif et riant à ventre déboutonné, s'en revient du *pardon*, puisque *pardon* il y a, accompagné de la croix, de la bannière et de tout l'attirail de sa paroisse, bien replié et bien empaqueté, tout heureux du bon dîner que vient de lui donner son confrère ! Il ne demande qu'à pardonner, je vous en réponds. Son vicaire qui le suit, roide, maigre, sec, tout plein de la théologie du séminaire, le regarde étonné, surpris et fort scandalisé de la vie que les moines font.

Voilà de la bonne satire, monsieur Roux, faite avec un tact irréprochable. On permet bien des choses au petit chien de la fable, il mord dru, tout en caressant quelquefois; mais quand l'âne arrive mettre ses pieds dans le plat, on le chasse avec *Martin Bâton*. Le jury refusera toujours des *Retours de conférences* et laissera passer en riant des *Retours de pardon*.

Décidément, messieurs les peintres ne ménagent pas leurs vengeances.

En voici venir pourtant de moins méchants.

D'abord M. Roehn fils avec son brave *Curé composant son sermon*, honnête figure qui se délecte comme l'archevêque de Grenade dans la confection de ses homélies, et, tout content de sa période ronflante, se sourit à lui-même, pendant que la servante allume le pot-au-feu.

De la conscience, une grande étude, un grand savoir, telles sont les qualités de M. Roehn fils, auquel on n'ose plus reprocher ensuite un peu trop de froideur.

Un peintre doué d'une bien puissante imagination, c'est M. Breton.

Rien de moins propre à frapper le cœur et l'esprit que cette donnée : — *Consécration de l'église d'Oignies*, — un évêque qui place de petites croix sur les pilastres d'une église toute flambante neuve.

M. Breton qui fait rêver à la brise du soir et dans les toiles duquel on respire je ne sais quel arome de foin coupé, je ne sais quels parfums de fleurs des champs, était obligé de renfermer tout son monde, un monde endimanché, en cravate blanche et en toilettes de province, dans des murs blancs, était obligé de grimper son évêque mitré et couvert d'une de ces grandes chappes roides et sans plis harmonieux qu'inventèrent le rigorisme et l'ostentation sur un marchepied. Il s'en est tiré en homme d'esprit et en excellent peintre; ses types sont vrais mais dignes; sa couleur est douce et calme; pas de fougue, pas d'émotion ni d'intérêt, pas de poésie surtout, il n'en fallait pas: des assistants honnêtes, rangés et soumis; un clergé tout plein de la dignité de son évêque, un tableau tout plein de la cérémonie qu'il représente et de la grandeur du prélat qui en est le héros.

Tout ce monde-là pense à quelque chose, au Ciel probablement, et Dieu leur donne d'avance un peu de cette contemplative béatitude qu'il réserve à ses élus.

Pourtant, malgré toute la science de M. Breton, il est une autre consécration bien modeste, une toute petite cérémonie d'église de campagne que je préfère à la pompe d'Oignies.

C'est la *Messe de mariage* de Salentin.

(Je ne saurais trop répéter que je ne parle ici qu'au point de vue de la pensée, et qu'en fait de peinture je laisse à des connaisseurs plus dignes juges que moi le soin de faire de plus savantes différences.) Un vieux prêtre, bien cassé (*presbuteros*), le vieillard par excellence, qui a passé par toutes les péripéties de l'existence, et conseille sagement sur la fin de ses jours les jeunes qui se lancent tête baissée dans la vie.

Un vieux prêtre, dis-je, s'appuie sur l'épaule d'un enfant au doux sourire et marche vers l'autel.

Deux jeunes époux, suivis de toute leur parenté, attendent la consécration de leurs épousailles. Calmes, fermes, aimants, sous ces poitrines couvertes de gilets grossiers battent des cœurs francs. Voilà le libre choix de la compagne pour l'homme qui a des bras et de la volonté. Ces paysans sont d'une incroyable noblesse.

Auprès de ces braves gens, mariages de Saint-Thomas-d'Aquin, vous n'êtes qu'une infâme comédie !

Il est juste d'être forcé d'avouer que M. Salentin a été chercher son type à Duseldorff.

Comme il y du bonheur dans l'air sur cette toile, comme ces groupes sont pleins d'amour et de bonté. M. SALENTIN a plus que de l'imagination, il a du cœur.

Toutes les fois que dans la religion on touche à cette corde humaine, tout vibre, s'allume, reluit, et devient grand et beau.

Voyez donc si la *Messe sous la Terreur* de M. MULLER a la profondeur philosophique de celle de M. SALENTIN. M. MULLER devrait faire des feuilletons pour l'*Union* et la *Gazette de France*. C'est le peintre des douairières du noble faubourg, ainsi que M. LAFON, son imitateur.

Ne nous arrêtons pas devant ces pleureuses physionomies, elles ne regrettent qu'une chose, l'ancien régime.

Du faubourg Saint-Germain à Rome, il n'y a qu'un pas.

Rome est le coin de la terre le plus près du Paradis.

M. HEILBUTH, qui en est parfaitement convaincu, nous présente des apprentis bienheureux, revêtus de soutanelles violettes et coiffés du tricorne de dom Basile, qui s'apprêtent à monter au ciel en gravissant les degrés du Monte-Pincio.

Sa Promenade de séminaristes est une œuvre d'une délicieuse réalité.

Comme ces petits messieurs ont la piété naïve gravée sur la figure. Quelle ravissante pépinière apostolique. Si vous vouliez nous laisser au moins des illusions sur le bas clergé de Rome, il ne fallait vraiment pas, monsieur Heilbuth, nous le peindre sous des couleurs si véridiques.

Passe encore pour les prélats à pourpre, on voit à peine leurs figures, mais leurs laquais, en revanche, ont bien la mine des serviteurs de serviteurs du serviteur des serviteurs de Dieu. Dans la valetaille ecclésiastique on peut se permettre des tournures exceptionnelles.

L'*Intérieur du Carosse de cardinal* est plus digne, la discussion en baroco ou en baralipton ne laisse rien à désirer et le *socius* du prince de l'Eglise est d'une logique désespérante.

Si M. Heilbuth continue à étudier si consciencieusement la cour de Rome, il se fera bien des ennemis. Pourquoi ne s'arrête-t-il pas à des cérémonies ordinaires, comme madame **Armand Leleux**, qui nous donne de pieux Romains baisant dévotieusement les pieds de la statue de saint Pierre un jour de béatification.

Au moins là, il n'y a point de satire ?

Les Italiens ont une ferveur si grande.

Leurs prières vont droit au pied du trône de l'Eternel, comme la fumée du sacrifice d'Abel.

Pour vous en convaincre, regardez la silhouette navrante des moines de M. **Carolus Durand**, qui se détache lugubre, triste, avec sa croix de bois noir et ses franciscains bruns sur un ciel terne. Ces moines se frappent la poitrine avec tant de conviction de leurs fautes qu'on les croit sur parole, et qu'on répète avec eux : *Meâ maximâ culpâ.*

M. **Durand** n'en reste pas moins un peintre habile, et dont le pinceau promet beaucoup, s'il ne continue pas à s'attrister des nombreux péchés de sa moinerie italienne.

M. **Boilly** a voulu peindre une prière aussi. Mais quelle naïveté superbe d'innocence il y a dans ces vieilles Berrichonnes qui marmottent d'incompréhensibles *ave*, sur leurs chapelets de bois noir.

M. Ribot, dont la touche est pleine d'une hardiesse heureuse mais un peu trop grise, au lieu de deux ou trois vieilles nous donne tout un troupeau de petites filles en prière, remplies de la terreur suprême du seigneur qui doit les juger et de la supérieure qui va les punir. Confites de cette double crainte, elles sont là modestement agenouillées sur les dalles, bien laides et bien sages. — Mais Dieu promet le ciel aux déshéritées de la nature.

M. Ribot, malgré ses cuisiniers, ses petites filles et ses bas bleus, a tout le talent nécessaire pour entreprendre des sujets moins terre à terre.

Deux peintres belges, MM. Meunier et Léonard nous envoient de Bruxelles deux autres bandes de petites filles qu'ils appellent des *orphelines*. Mais dans les figures moroses et guindées de M. Meunier qui descendent sous la conduite d'une sœur l'escalier d'une église ou d'un couvent, dans les faces naïves et roses, habillées de bleu et éclairées d'une lueur factice de M. Léonard, pensionnat, qui babille sur l'herbe et s'apprête à danser des rondes en chantant des cantiques, je ne vois pas cette sublime tristesse que donne l'absence de la famille et ce regard humide qui semble toujours apercevoir quelque chose au delà de la vie.

Orphelines ! c'est-à-dire privées de doux baisers, de caresses et d'amour, ces choses qui font aimer l'existence et sans lesquelles tout est malheur. Orphelines ! c'est-à-dire sacrées par la douleur.

On ne s'approche de ceux autour desquels la mort a fait le vide qu'avec une sorte de respect; il y a dans eux comme un rayonnement de désespérance ; pauvres fleurs fanées par le vent que laisse après lui le grand faucheur, pauvre lierre qui s'attachait à l'arbre et grandissait avec le chêne, auquel l'orage vient d'enlever son support et qui traîne tristement à terre, cherchant partout un appui !

C'est qu'il y a dans le départ de l'âme, dans la séparation, dans l'arrachement de deux êtres unis, quelque chose de majestueusement étrange.

C'est qu'il y a dans le grand *peut-être* un abîme bien plus profond que celui qu'entrevoyait toujours Pascal, et lorsqu'on s'est penché tout jeune au bord de cet abîme, on en garde sur les traits comme une empreinte ineffaçable.

Ce ne sont pas les petits enfants pleurnicheurs de mademoiselle Nélie Jacquemart qui ont sur le visage ce terrible cachet de la mort, et le blême curé qui les rassemble en levant les yeux au ciel, et qu'elle appelle *le père des orphelins*, ne doit, ne peut réciter autre chose qu'un *de profundis* de circonstance devant le corps mort de la mère qui gît au fond sur le grabat. Le silence dans la chambre d'une morte a bien plus d'éloquence que le bourdonnement machinal d'un nombre convenu d'oraisons.

Plus réaliste encore, M. Holtzapffel transporte le cadavre à l'église, trois marmots, les mains dans les poches, écoutent sans le comprendre le prêtre, plein de sevère dignité, qui lit dans un livre noir des choses qui ont l'air de les toucher fort peu.

Et l'on appelle cela des orphelins !

Mais ils n'ont aucun ressouvenir de l'abîme, et devant la mort pourtant nul ne reste impassible et froid, si ce ne sont les hommes du métier, vous savez qui je veux dire.

Le vieillard cassé, courbé sous le poids des ans, a des soubresauts formidables, et les yeux du tout petit enfant, qui sussure cette langue que parlent seules les mères, brillent, éclaircis par une flamme inconnue, quand il voit immobile et morte une chose qui marchait devant lui tout à l'heure.

La mort. — Vous souvenez-vous dans votre enfance de cette face livide, sur laquelle vous avez déposé le baiser d'adieu, et qui vous avait fait froid au cœur, de ces mains qui vous carressaient jadis si doucement, enroulaient vos cheveux blonds, s'ouvraient toujours pour vous saisir, et que vous avez pressées roides, sèches, dures, en vous demandant un *Pourquoi* auquel on ne vous répondait que par le silence.

Dans les nuageux lointains où se perdent vos souvenirs, quelquefois cette figure apparaît calme, funèbre et froide.

Morte. — Vous ne saviez ce que cela voulait dire, et quand au foyer de la famille, le soir, vous avez vu la place vide, quand à la table un couvert a manqué, quand à la promenade vous suiviez des robes noires traînantes et de lugubres manteaux, dont on s'éloignait comme avec terreur. Quand on vous a mené sur de la terre fraîchement remuée, dans un lieu tout rempli de croix noires, où vous avez vu creuser de grands trous profonds, vous avez eu peur, et vous vous êtes dit : cela doit être bien terrible.

Alors, quelqu'un, peut-être, en vous faisant agenouiller, a pu vous dire : elle est là sous la terre, et vous avez regardé ce quelqu'un avec un air de doute ; et une autre voix, une voix de femme a murmuré près de vous : elle est là-haut, et vous l'avez remerciée dans votre petit cœur, car vous sentiez qu'elle disait vrai.

Depuis ce jour, vous n'avez jamais regardé le ciel sans penser à la morte, et quand la lune au soir argentait la cime des peupliers noirs, que le glas des trépassés jetait au loin dans le silence de la vallée ses notes funèbres, et que l'oiseau des nuits lui répondait de la vieille tour en ruines, quand brillaient les étoiles, vous les regardiez, vous, parler. Dans l'air glissait comme avec un battement d'ailes une apparence vaporeuse et vous suiviez au loin dans les nuages la trace du passage d'une âme.

Comme on sent cette question éternelle, ce pourquoi dans la petite amie de M. ANKER.

Est-elle jolie avec sa couronne de fleurs nouvelles, sa figure souriante d'un sourire qui n'est pas de ce monde, cette petite enveloppe d'une âme innocente et pure, âme qui vient de s'envoler du corps sans secousse, comme l'onde s'épanche de la source sans souillure.

Autour d'elle, une troupe enfantine, ses compagnes d'hier, regarde et demande ; un petit garçon tâte les pieds qui sont roides ; il y a des larmes sur toutes ces figures roses ; la mère dans l'ombre se cache et pleure.

Pas de tiers dont on a peur, pas de prêtres, et pourtant une douleur humaine qui frappe, émeut, intéresse.

Cette petite toile est un chef-d'œuvre, elle parle à tout ce monde.

La vraie douleur est mystérieuse, elle aime la solitude, elle ne pleure pas, quand on lui fait signe, quand on lui ordonne les larmes.

Dans les sujets que nous venons de voir, ceux de mademoiselle JACQUEMART, de

M. Holtzapffel, les cadavres sont là, l'âme n'y est plus.

Dans les orphelines de M. Van-Hove, encore un belge, — le corps est bien loin, — l'âme plane au-dessus des jeunes filles.

Une barque, des eaux jaunâtres, à l'horizon, le plat pays de Hollande, dans l'air, du silence, — trois jeunes filles voguent sans bruit sur le fleuve, de grandes coiffes blanches, ces coiffes de deuil qui dissimulent l'admirable parure de la femme, sa chevelure, encadrent des visages navrés; — la sœur aînée rame, elle est devenue le chef de la famille; la plus jeune a sur les lèvres le dernier baiser de la mère qui n'est plus, ses mains pressent encore celles qu'elle ne doit plus voir, et, dans chaque objet qu'elle regarde, elle saisit comme une trace à peine effacée.

La seconde regarde le ciel et parle à travers l'espace ce langage que les âmes parlent entre elles. Sublime poésie de l'absence! il est impossible de regarder ce tableau sans se sentir remuer je ne sais quoi au fond de l'être.

Un Français, tout aussi poëte, avait, il y a quelques années, rendu ce même sujet, avec peut-être plus de bonheur. Je veux parler de M. Hamon qui n'expose rien cette année.— Pourquoi donc? — La sœur aînée, fatiguée des veilles d'une longue maladie, se laissait aller au sommeil;—la plus jeune, dans une pose dont on n'a pas oublié la grâce, avait ce même regard rêveur et triste, et, comme antithèse charmante, le petit frère, fatigué de ce silence, caressait doucement avec une fleur la figure de la pauvre endormie, qu'il allait rendre, sans s'en douter, à toutes les tristesses réelles du présent ; la gravure a popularisé cette toile si remarquable. Il n'y avait là rien du souverain juge, de l'enfer, de la damnation éternelle, des flammes du diable , etc., et pourtant comme c'était grand dans sa simplicité humaine.

Le Christ jadis s'était fait homme.

On a beau vouloir le mettre bien haut dans les nuages, l'éloigner le plus possible de la terre, nous nous souvenons que pour le voir, le toucher, le sentir, il n'est pas besoin de passer devant tous les commis qui ont bien voulu s'installer dans les avenues qui mènent au Paradis. Nous nous souvenons toujours qu'il parlait à tous, à l'adultère comme à la Madeleine, aux enfans, aux pêcheurs de Galilée comme aux Pharisiens de Jérusalem. Nous nous souvenons du *Verbum Caro factum est.*

Nous voici parvenu à la peinture religieuse, proprement dite, à la représentation des choses divines, et là il me semble que l'art qui s'obstine à suivre les ornières du passé est dans une voie funeste dont il faut le détourner à tout prix.

Les premiers disciples qui avaient reçu de la bouche même du Christ la bonne nouvelle s'en allaient par le monde, la répandant aux quatre vents du ciel; la société romaine qui se vautrait dans la servitude s'étonna de ces grands mots de liberté dont l'Evangile est plein. Les tyrans sentirent osciller leur trône, ils persécutèrent. On se cacha sous terre et tout alors devint symbole, dans les expressions, les cérémonies et les naïves peintures des premiers chrétiens.

Ce fut le poisson mystique dont le nom grec renfermait les initiales d'une phrase signifiant Jésus-Christ, fils de Dieu, sauveur, qui dabord représenta le maître. Puis vinrent les monogrames, X P entrelacés, puis des agneaux, symboles de sa douceur, puis des colombes, symboles de sa pureté.

Doux emblèmes d'une société pleine d'union, d'amour, de fraternité grandiose et de désintéressement absolu.

Plus tard apparurent les mains divines dont le moyen âge a perpétué la tradition. Dieu n'était encore représenté que par cette main s'étendant sur vous pour vous bénir

Survint Constantin, le labarum et le triomphe du christianisme. Une ville s'élevait, les basiliques se transformaient en temples du nouveau Dieu, et l'empereur en consacrait un lui-même à la sainte sagesse, *sancta Sophia*, à l'admirable philosophie des disciples du crucifié.

Alors sur sa *cathedra* symbolique se dressa, dans sa gloire, l'image qui est restée depuis le type du Christ; de sa tête rayonne l'amour, cette nouvelle révélation de la divine religion, l'amour jusqu'au sacrifice (1); ses mains s'étendent pour em-

(1) Les christs bysantins ont toujours le nimbe crucifère.

brasser, ou sa droite se lève pour bénir. Il appelle à lui le monde. Les pieds sont nus. Il a la grande robe rouge traînante et le manteau bleu de Bysance, et de tout son être partent des rayons lumineux qui vont éclairer, illuminer ses apôtres. C'est le Christ LÉGISLATEUR.

Les iconoclastes détruisirent ces sublimes images, et Constantin Copronyme effaça ce qu'avait fait Constantin le Grand, mais l'Occident avait reçu les traditions bysantines et les conservait religieusement (1).

Les frontons de nos vieilles églises témoignent encore de cette fidélité (2).

Les terreurs de l'an mil arrivèrent. Tout s'éteignit, tout devint sombre, triste, funeste. La trompette du jugement allait éclater, et la terre s'entr'ouvrir pour rejeter ses cadavres.

Le Christ bénissant disparut, et quand, à peine remise de ces craintes, l'Europe se couvrit d'un blanc manteau d'église, comme disent les chroniqueurs du temps, ce fut le

(1) Cinabuc les renouvela. Il apprit les premiers principes de son art d'artistes grecs mandés par le sénat de Florence.
(2) Eglise de Vézelay.

Dieu VENGEUR qui remplaça celui qui laissait venir à lui les pauvres, les souffreteux et les petits enfants.

Assis sur un trône, les mains non plus étendues mais élevées et rapprochés du corps, LE JUGE SUPRÊME, entouré de tous les instruments de sa Passion, que portent des anges, est imploré par la Vierge et par saint Jean à genoux.

Toute la milice céleste rassemble les élus et pourchasse les damnés. Au milieu, sous les pieds du Christ, la grande balance où l'on pèse des âmes, et que cherche à faire dévier le Dragon à la formidable gueule; partout des flammes, des tourments, des fers rouges, des crapauds et des ordures (1).

Le monde barbare regardait et frémissait en lui-même ; c'est que dans la grande bouche infernale Satan traînait indistinctement les têtes couronnées, les chevaliers puissants, les belles damoiselles et les manants.

Toute science alors était enfermée dans les cloîtres, et l'art ne recevait d'inspiration que des moines.

(1) Cathédrales d'Amiens, de Paris, etc.

Le Christ devint seigneur suzerain de toute la terre, et l'on en arriva à le représenter sous l'emblème d'un cavalier superbe, le faucon au poing, qui renverse en passant et foule aux pieds une créature humaine.

Image de l'Eglise triomphante terrassant l'hérésie (1).

Mais la science ne peut rester longtemps enfermée; elle briserait les bastilles, il faut qu'elle se dilate. Aux *Fra Angelico*, Giovani du Fiesole, aux *Fra Filippo Lippi*, aux *Fra Bartolomeo*, della Porta, allaient se mêler les gardeurs de moutons *Giotto* et *Mantegna*, *Pietro Vannuci*, le pauvre enfant de Pérouse (le Pérugin); les *Carraches*, fils de bouchers et de tailleurs; *André del Sarto*, le cordonnier; *Quentin-Metziz*, le maréchal-ferrant d'Anvers; *Rembrant*, le fils du meunier Gerritz; *Palissy*, l'arpenteur; *Robusti*, le teinturier (il Tintoretto); *Zurbaran*, le laboureur. L'art ouvrait les bras à son tour, et les gentilshommes eux-mêmes ne croyaient pas déroger en se livrant à lui de toute leur âme. Parmi les bergers, les savetiers et les meuniers de

(1) Autun, Caen, Partenay-le-Vieux.

tout à l'heure, on voyait les grands seigneurs *Léonard de Vinci*, *Michel-Ange*, Buonarotti, le descendant des comtes de Canosse, *Primatice*, *le Carravagio*, *Rubens*, Don Diego Rodriguez de Silva y *Velasquez* et *Callot*, le noble lorrain.

Un élément nouveau allait pénétrer dans l'art et le revivifier. Michel-Ange, le sombre, sur la dernière page de l'ère des jugements, traçait le sublime entassement de damnés de la chapelle Sixtine.

Raphaël, déjà, faisait la belle *Jardinière* et les saintes *Familles*. La Vierge, du reste, cet adorable type de la femme, était toujours restée humaine. Elle n'avait quitté les longs vêtements aux mille plis de la jalouse Bysance que pour revêtir le riche costume de la douce châtelaine féodale. Sous les traits divins des Jocondes et des Fornarines, elle revenait prendre encore pour ainsi dire possession de la terre.

Le Christ d'alors, — c'est celui des noces de Cana, de Véronèse, qui, conservant à peine son vêtement traditionnel, mais toujours la tête rayonnant d'intelligence et d'enseignement, dîne à la même table que François Ier, Charles-Quint, Soliman, Marie la Catholique, le marquis de Guast, le marquis de Pescaire, Vittore Colonna, grand monde que fréquentent familièrement Titien, Tintoret et le peintre lui-même avec sa famille.

Le Christ redevenait LE FILS DE L'HOMME, quand le protestantisme, comme autrefois les briseurs d'images, vint jeter son manteau de froideur et de sécheresse sur cette évangélique renaissance.

Il y eut réaction de la part des catholiques.—L'étude de l'antiquité grecque venait d'inspirer aux artistes, le Primatice en tête, la création d'un Olympe nuageux. Les plafonds se remplissaient de Diane, d'Apollon, de Vénus, qui tenaient cour plénière de poésie ou d'amour au milieu de l'air. On trouva l'endroit admirable pour y faire monter nos saintes et nos saints, le Christ, la Vierge et tout leur cortége sacré quittèrent de nouveau notre sol, et désormais il ne fut plus permis de leur donner d'autre entourage que celui qui servait déjà aux divinités de la fable. Le Ciel allait devenir inaccessible et réservé seul à un *petit nombre* de privilégiés et d'*élus*.

Les pieds sacrés, ces pieds du seigneur,

si beaux quand ils descendaient la *montagne*, ne devaient plus voltiger que dans l'éther pur.

Madame Guyon, que suffoquait la grâce intérieure, allait porter à la dernière extrémité l'exagération de toutes ces *vapeurs*, et l'illustre Fénelon lui-même devait sacrifier à ces funestes tendances, mais pour s'en relever plus grand dès qu'il redeviendrait humain.

Tout se passait dans les nuages. Après les saints on y fit monter les hommes, et dans la salle de l'Œil-de-Bœuf, assis sur les plus extravagants cumulus on peut voir encore *Marie-Thérèse* en mère des amours, *Monsieur* en étoile du matin, *Mademoiselle*, reine d'Espagne, en zéphyre, et *Louis XIV* « qui se serait fait adorer s'il n'avait pas eu peur du diable (1) » en Apollon. Dans le siècle suivant, on grimpa là-haut des courtisanes et des bergères.

Il fallait un coup de tonnerre pour faire déguerpir tous ces nuages. Vous savez quand et comment il arriva.

Ce qui me surpasse, c'est qu'il est des

(1) Saint-Simon.

gens qui n'ont rien oublié après avoir échappé à cet orage, pas même les nuageuses conceptions de leurs prédécesseurs, et qu'en 1863 on trouve au salon de peinture une magnifique collection d'*artistes célestes.*

M. Mayer ouvre la marche avec une vierge reine des cieux, rouge bleu, propre comme une médaille, debout sur des vapeurs en bois.

M. Cambon le suit en nous donnant *la Vision de Marguerite-Marie, sœur de la Visitation.* Un christ très-loin d'être le plus beau des enfants des hommes, qui monte sur un autel que je n'ose qualifier, entr'ouvre gauchement sa tunique et montre un tout petit cœur enflammé. Puis viennent *l'Institution du Rosaire* de M. Crauk, *l'Institution du Scapulaire de la Passion* de je ne sais qui, *la Madone des marins* de M. Vignon, dont les nuages sont tellement épais qu'ils soutiennent des vêtements étendus sur eux, comme les buissons soutiennent le linge des blanchisseuses. Certes, quand gronde la tempête, que l'éclair déchire les nues, que la vague soulève des flots d'écume et les disperse au loin dans l'air, et qu'on est là tout petit sur une frêle barque au milieu de l'Océan sans bornes, si l'on invoque la Vierge, on ne la verra jamais sous un aspect aussi banal, pour ne pas dire autre chose.

Des nuages, il y en a partout, dans les *Crèches*, dans les *Fuites en Égypte*, dans les *Annonciations*, dans celle de M. LEVEAU qui croit faire du Lesueur, dans la grande composition de M. JANMOT, *le Christ entre saint Jean, sainte Madeleine, la Vierge et saint François de Salles*, toile fausse de couleur, et qui de plus a la prétention de faire semblant d'être un pastiche de Raphaël, dans *la Foi, l'Espérance et la Charité* de M. SIEURAC qui dépense beaucoup de savoir-faire et de talent à grouper je ne sais combien de personnages dans un immense cadre qu'on ne regarde pas.

Il est triste, quand on a l'intelligence et le goût de M. SIEURAC, de perdre autant de temps et d'étude à faire des choses tellement inutiles.

Il existe dans un petit couvent de province une chapelle, idéal du genre mystique.

L'autel, simple planche peu canonique, repose imperceptible sur les ailes courbées de deux chérubins à genoux sur des nuages en carton-pierre. Les degrés disparaissent sous les flots de cette même composition si subtile, et le fond du sanctuaire n'est formé que de ces mêmes vapeurs très-condensées. Une immense gloire en bois doré termine ce céleste réduit. Au centre, un cœur, toujours en bois doré, cache dans ses flancs le tabernacle ; la plaie dissimule une serrure qui laisse ouvrir une porte.

Que la suave parole du directeur de ces pieuses nonnes doit tomber douce et calme comme une rosée sainte sur le troupeau fidèle qui l'écoute.

Les amateurs du vaporeux devraient faire connaissance avec ce saint homme, ils trouveraient l'emploi de leurs séraphiques conceptions.

Revenons à l'exposition. Si nous descendons de cet empyrée de convention, nous ne trouverons pourtant guère mieux sur la terre où nous transportent les peintres religieux.

Que vous dire de M. Omer Charlet qui a fait un *Martyre de saint Barthélemy* pour la cathédrale de La Rochelle. — Que si je plains saint Barthélemy d'avoir été martyrisé par les Ethiopiens, je le plains encore plus d'avoir été écorché par M. Omer Charlet et par une troupe de mameluks en turbans de l'empire qui tirent leurs cimeterres du fourreau comme on tire un cigare de son étui ou une carte de visite de son porte-feuille, et qui tenaillent saint Barthélemy avec autant de sang-froid qu'une cuisinière plume un poulet ou un canard. Si les *protestants* convertis de *La Rochelle* sont forcés d'invoquer ce *saint Barthélemy*, il leur inspirera des oraisons jaculatoires qui leur ouvriront immédiatement les portes du Paradis.

Vous parlerai-je de M. Desgoffe et de son *Christ ressuscité* qui ressemble à un acteur en vedette de la Porte-Saint-Martin et de ses gardes qui sont des figurants du Théâtre-Français.

De M. Guillemet et de sa *Sainte Blandine*, pauvre enfant condamnée à être dévorée par des monstres, —mais de véritables *monstres*, de la *visitation* de M. Hirsch, vous l'avez déjà vu cinquante fois.

Du *Saint Jean* de M. Grellet, en religion frère Athanase, ou du *Jésus lavant les pieds des apôtres* de M. Louis Roux. Ce sont des bas-reliefs coloriés et je n'en suis pas encore à la sculpture.

Des trois grandes compositions de M. Schopin, destinées à la chapelle de Saint-Saturnin de Fontainebleau, illustrations banales d'un sujet qui comportait mieux.

Non, je n'ai rien à dire de toutes ces choses, qui n'ont aucune empreinte de la calme majesté et de la paix suprême que devrait inspirer la religion.

Rien à dire de M. Gastine et de son image coloriée de l'*Enfance de Jésus à Nazareth.*

Rien à dire de M. Richomme et de sa *Consolatrix afflictorum*, qui ne consolera jamais personne, ni même de la *Sainte Colombe* de M. Leygue, qui veut viser au pittoresque et ne peut pas y atteindre, ni même de M. Gendron, qui a peint une *Sainte Catherine d'Alexandrie*, qui fait un sermon à des gens qui ne l'écoutent pas. —Ce qui est le sort de bien des sermons.

Tout cela, ce sont des devoirs de rhétorique mal faits, et qui sont à la peinture convaincue, ce que la *Franciade* de M. Viennet ou le poëme de *Jeanne d'Arc*, en 24 chants, de M. Guillemin Alexandre, sont à la littérature contemporaine.

Un homme que la mort nous a ravi, il y a quelques années, M. Ary Scheffer, avait le premier tracé la voie dans laquelle doivent marcher les artistes qui veulent vraiment faire de la grande peinture religieuse. Son *Christ consolateur* et son *Christ aux enfants* resteront comme les premiers jalons de cette direction nouvelle.

M. Bremond a voulu suivre cette voie du maître, il a choisi les mêmes sujets, mais là où Scheffer était calme, plein de finesse et d'une forme exquise de délicatesse, il est éclatant de couleur, lourd et grossier d'expression et de dessin.

M. Maison, plus romantique, s'est toutefois un peu plus approché de la vérité dans son tableau du *Seigneur relevant un homme accablé par la douleur.*

Ces imitations, toutefois, ne sont que des imitations, et nous demandons des originalités, en chercherons-nous dans les passions ou les sujets bibliques?

On ne refait pas des descentes de croix, monsieur Honoré Pinel, ni des martyres de saint André, monsieur **Bonnat**, ni des présentations au Temple, monsieur **Claudius Jacquand**, dans le style de Rubens, et nous avons vu tellement d'admirables crucifiements que nous ne nous arrêtons pas plus devant le *Salvator mundi* de M. **Dumas**, qui pourtant cherchait bien à attirer l'attention avec son sang réaliste, que devant le sombre calvaire de M. **Larivière**.

M. **Navlet** accumule grand nombre de casques, de femmes, d'enfants, de Romains, qu'il met en marche vers une montagne, silhouette blanche où se dressent les trois croix du grand supplice, mais, malgré sa pittoresque mise en scène et son titre jeté comme le titre d'une ode, dans un volume de vers : *Sub Pontio Pilato*, ce n'est pas encore lui que je prendrai comme type des peintres religieux.

Le pittoresque est très-facile, et M. **Jalabert** est certes un habile homme. Sa barque, pleine d'apôtres effrayés de la fantastique apparition du Christ marchant sur les eaux, prouve un grand sentiment de l'effet, une grande recherche du contraste, mais il n'est pas plus religieux que M. **Brion**, dont la mer a plus de grandeurs et où le Christ, moins illuminé mais plus vrai, est très-beau, tendant à saint Pierre sa main divine.

Le pittoresque, dans les sujets aussi graves que tous ceux de la Bible ou de l'Évangile, ne suffit pas, il faut autre chose.

Les anciens avaient vu les Juifs de la passion, des paraboles et même de l'ancien Testament, d'une bien étrange façon.

Il était une race maudite qui courait le monde et dont l'Ahasvérus de la légende (non pas celui de l'exposition !) est resté le sombre symbole. Dans les villes on parquait comme des bêtes fauves ces bourreaux du Seigneur, ils portaient sur les vêtements des marques qui les faisaient suivre en criant par les enfants. Lorsque dans un endroit il y avait une épidémie, on en brûlait quelques-uns pour purifier l'air.

Les peintres les voyaient passer, et quand Albert Durer, dans la cour de Ponce-Pilate ou sur le Golgotha, avait à grouper des Barrabas, il allait chercher ses types dans les rues de Nuremberg et couvraient ses bois de personnages à turban, à longues robes et à grandes barbes.

Si Rembrandt voulait rendre les malades

guéris par Jésus, l'*Ecce homo* ou la circoncision, il errait sur les quais d'Amsterdam et sur ses plaques de cuivre on retrouvait les vestes rayés, les figures noires, les riches étoffes, les bonnets extravagants des Levantins et des trafiquants de Hollande.

Callot avait-il à rendre le passage de la mer rouge, — les stations de Jérusalem, le martyre de saint Sébastien, et même le *pourtraict* des 23 premiers martyrs mis en croix pour la prédication de la sainte foy au Giappon sous l'empereur Taicosam : il rappelait ses souvenirs bohémiens allait revoir le Ghetto de Rome et burinait des persécuteurs à coiffures pointues, des Pharisiens à lunettes, la plume à l'oreille, l'écritoire au côté, qu'il grimpait partout sur des rochers, sous des portiques ou sur des mur de Colisée.

De nos jours, la conquête de l'Algérie ouvrit un champ nouveau d'exploration à nos artistes. Quelques-uns, Horace Vernet, entre autres, voulurent revêtir à leur tour les patriarches de ces grands manteaux arabes qui nous sont devenus familiers depuis quelques jours. Jacob, Joseph, Eliezer, Abraham endossèrent le burnous, le caïck et le turban de poil de chameau.

L'originale tentative du maître a trouvé des imitateurs; nos modernes moins hardis placent encore dans leurs œuvres quelques-unes de ces têtes orientales, revêtues du costume arabe; d'autres s'en tiennent à Nuremberg ; d'autres consultent les pyramides, — grâce aux recherches archéologiques modernes, nous finirons peut-être par avoir encore de nouveaux types.

M. Matout en tient pour les Bédouins, mais, grand Dieu, que ces fils et surtout que ces filles du désert sont dégénérés dans ses toiles. Je n'ose pas parler du *Moïse*, et *sa rencontre de sainte Anne et de saint Joachim* est tellement plate que je ne trouve vraiment rien pour en exprimer la complète inanité de forme, de gestes et de tournure.

M. Bourcart a fait un Christ guérissant les malades, qui a bien aussi quelques turbans et quelques étoffes rayées des pays du soleil, mais que son Dieu est gauche, les bras étendus ! s'il parlait un peu plus on le prendrait pour celui qui chassait les vendeurs du temple.

M. Maillot a un paysage où l'on retrouverait peut-être des palmiers, des cèdres ou des oliviers ! Sa Samaritaine même ferait assez songer aux juives qui venaient puiser au torrent du Cédron ou se laver aux pures ondes du Jourdain, mais son Christ nimbé et froidement assis détruit un peu l'illusion que semblait promettre la riche végétation de sa toile.

Je ne veux pas parler de M. CHAZAL. Ses pêcheurs napolitains, montant des barques par trop pittoresques, sont un peu fantaisistes, et dans cette scène tout à fait d'opéra comique, je ne vois rien, pas même le christ, qui puisse motiver son texte du livret : — *Institution de l'Eucharistie.*

Quand à M. ETEX, il est en peinture d'une naïveté qui dépasse toutes les bornes, et je me contente de transcrire les titres de ses tableaux : Jacob va trouver Joseph en Egypte, *effet de matin ;* Funérailles de Jacob, *effet de soir* (voir à la sculpture et à l'architecture). Faut-il revenir au *Super flumina Babylonis* de CHAMERLAT, ou à la Captivité des Juifs de M. MAY. Non, la silhouette de l'un et les deux figures plates de l'autre n'ont rien de remarquable, pas plus que l'Enfant prodigue de M. POGGI, qui pourtant se sauve par le sentiment. Ce ne sont que des études auxquelles on a trouvé un titre la veille de l'envoi au salon.

Il est un peintre stationnaire en fait de costume et dont les savantes recherches égalent le savoir-faire et le talent ; c'est M. Tissot, mais pourquoi diable s'amuse-t-il à aller chercher la naïveté dans le grotesque, à nous donner la plus excentrique collection de bonnes gens du XVIe siècle, qu'il soit possible de rêver !

M. Tissot a du talent, énormément de talent ! C'est bien dommage qu'il l'emploie si mal.

La mode passe. On aime aujourd'hui les bahuts en chêne sculpté, le cuir de Cordoue, les faïences italiennes, les tapisseries de Flandre ou de Beauvais et les potiches japonaises. Mais nos neveux riront de nous comme nous rions des bergères de Louis XV et des modes guindées du premier empire. M. Tissot passera, qu'il y prenne garde ! Et il y a pourtant dans son Enfant prodigue des parties admirablement bien traitées. Je ne parle pas de sa dernière promenade, j'y reviendrai en son lieu. Mais ce que je ne puis passer sous silence, c'est sa Venise allemande. Nous sommes en plein XVIe siècle, un jeune homme, l'Enfant prodigue, si l'on veut. (M. Tissot, qui n'ose le dire au livret, le laisse imprimer sur la photographie de son tableau.) L'Enfant prodigue quitte sa famille et s'embarque sur un vaisseau couvert d'écussons, près d'un quai de Venise la Rouge. La Venise du XVIe siècle ; je croyais que M. Victor Hugo nous l'avait donnée sombre, funeste, horrible, sanglante, pleine de passages secrets, d'espions, de poignards et d'orgie, dans sa *Lucrèce Borgia* et dans son *Angelo*. Je croyais la Venise du XVIe siècle sous la puissance du conseil des Dix et de l'Inquisition.

Il paraît que M. Tissot, dans les vieux manuscrits, en a découvert une autre ? Je le veux bien. Si c'était encore celle de Musset, pleine d'amours, de gondoles, mais non !

C'est une Venise autrichienne, il faut dire le mot. C'est une Venise à personnages froids, calmes, bourgeois comme les buveurs de bière de l'autre côté du Rhin. Une Venise qui accepterait la servitude comme on accepte un déjeuner. Per Bacco, je crois qu'il n'est pas bon, même arriverait-on d'Italie, de nous présenter une pareille Venise.

Le moyen âge est une très-belle chose si l'on veut, mais pas trop n'en faut.

On s'est épris pour lui depuis quelque temps d'un amour rétrospectif. Les châtelains veulent avoir leurs petits créneaux et leurs petites tourelles pour jouer aux seigneurs suzerains avec leurs fermiers qu'ils appellent leurs vassaux.

Les religieuses ont leurs monastères, avec cloîtres, salles capitulaires, réfectoires, piscines, etc.

On regratte les églises, même les cathédrales. Il en résulte au moins pour les peintres un immense avantage, c'est que les successeurs des chanoines qui firent badigeonner sous Louis XIV, et revêtir de stuc ou de marbre les peintures des églises, et rendirent leurs murs comparables au discours d'un académicien, se sont pris d'un nouvel amour pour la décoration des sanctuaires, ce qui n'est pas un mal, et font venir de tous côtés des artistes pour leur donner à couvrir ces longs panneaux si froids et si monotones.

Saint-Germain-des-Prés redevient Saint-Germain-le-Doré, comme autrefois; — nos églises les plus modernes mêmes, Notre-

Dame-de-Lorette, Saint-Sulpice, Saint-Vincent-de-Paul, Notre-Dame-du-Port à Nantes, veulent avoir sur leurs frises et dans leurs coupoles de ces longs personnages, graves, austères et silencieux, habitués à se promener au milieu des triforium du XIIIe siècle, dans les sombres cryptes romanes, ou sous les porches aux ogives flamboyantes; calmes processions qui s'étonnent de traîner leurs costumes gothiques, au milieu des achantes corinthiennes ou des volutes ioniques.

Le dernier salon regorgeait de ces pastiches, froids et sans vie.

Il faut ou la science profonde d'un FLANDRIN, ou la sauvagerie convaincue d'un LE HENAFF, pour profiler ces sibylles, ces patriarches, et ces prophètes sur leur fond d'or mat, et quand on voit au salon les madrigaux catholiques de madame LAURE DE CHATILLON (*les filles de la Croix, la foi, l'espérance et la charité*), ou de madame COLLARD (*Sainte Catherine*), on sourit de ces naïvetés féminines, et les refrains des cantiques enfantins vous reviennent en mémoire, avec leur poésie mirlitonesque :

Heureux le cœur fidèle,
Ou règne la ferveur,
Il possède avec elle
Tous les dons du Seigneur.

M. Benedict-Masson (qui l'eût cru !) sacrifie de même au bysantin, mais avec plus de bonheur que les pieuses dames, dont je viens de parler, sa *Vierge* a du moins quelque chose de maternel qui la rend intéressante.

M. Cazes rentre dans toutes les traditions de l'école gothique, moderne, gestes de prédicateur à bout de citations, dignité magistralement béate. Comme on passe froid devant cet *ange de la mort,* cet *ange de la résurrection*, comme le sourire effleure vos lèvres, quand vous vous rappelez le Dante et Milton !

M. Doze a aussi sa petite *rédemption* et sa promenade de *sainte Hélène* et de la *Vierge.*

Mais toutes ces choses-là, on ne les expose pas, il faut pour les voir, qu'elles ressortent entre les colonnes groupées d'une cathédrale, et que l'on puisse lire en bas :

Comment Marie la noble dame
Fut, par son cher Fils précieux,

Enlevée en corps et en âme,
Et couronnée royne des cieux.

J'ai parlé tout à l'heure d'Ary Scheffer. Il avait indiqué la vraie voie religieuse ; quelques-uns, deux ou trois ont vainement tenté de le suivre : ils groupaient sans conviction des personnages ; d'autres plus heureux marchent dans ce sentier où l'herbe n'avait pu croître, depuis que les maîtres de la renaissance y avaient laissé si profonde l'empreinte de leurs pas.

Ce sont MM. Ranvier, Regnier, Alphonse Colas, et quelques autres dont le nom m'échappe.

La peinture religieuse doit être humaine, comme l'a bien compris M. Regnier, dans un tout petit tableau, *Jésus-Christ prêchant*, certes, ce ne sont pas des bonnes gens éthérés, ces simples disciples, qui écoutent le fils de l'homme, et, se laissant aller tout entiers aux graves enseignements d'une voix si sublime, sentent se dilater leurs cœurs et s'en retournent chez eux meilleurs et plus aimants.

Le ton chaud, plein de soleil, d'azur et

d'amour de cette toile, en fait une des plus remarquables de l'exposition.

M. Reynier est profondément convaincu de la beauté de la morale évangélique, et ce n'est pas dans les nuages qu'il la place, c'est sur la terre.

Plus sombre, mais aussi philosophe, M. Alphonse Colas a compris de la même sorte la grande dignité du nouveau Testament. Dans son *denier de la veuve*, la femme est triste d'une belle tristesse, et le Christ est grand comme un Dieu qui voit faire une action selon son cœur.

M. Colas a une originalité à lui, il drape ses personnages à la manière antique sans tomber dans le Signol; la plus grande maladie qui puisse atteindre un peintre religieux moderne, maladie dont on se débarasse bien difficilement, et que je conseille fort à M. Quantin de faire traiter, heureusement qu'il peut en revenir. Il y a chez lui du tempérament, et sa *Résurrection de la fille de Zaïre* a des qualités énormes.

Mais de tous, le plus délicieusement humain, c'est M. Ranvier; son Christ balaie l'atelier de Nazareth. Joseph est à son établi, et la Vierge, une Vierge au regard plein de maternité, suave, dit un mot, un doux mot, sans doute, à l'enfant qui, tout souriant, lui répond un oui, maman, — Qui est la chose la plus divine de la toile. Des fronts rayonnent toutes les vertus d'une sainte famille, et les tons dorés de la maison de Dieu complètent l'harmonie de cette œuvre remarquable.

Dans le fond, un paysage déroule ses coteaux pleins de soleil, et sur le sentier de la vallée passe un prélat monté sur une haquenée brillante, entouré de gardes et d'estafiers, devant lequel on porte des bannières armoriées de ses armes, et qui bénit majestueusement les vilains qui viennent s'agenouiller aux pieds de sa monture.

Un peu de satire ne fait pas mal dans un sujet de l'Evangile, et les pieds nus de l'Enfant-Dieu sont un contraste plein de grandeur près de la pompe épiscopale de son disciple très-humble.

Quand on sent palpiter une belle âme dans une toile, on est heureux de s'y arrêter et d'en respirer l'arome comme on respire le parfum de la fleur.

Et l'on est retenu bien longtemps devant le *Jésus à Nazareth* de M. Ranvier.

Qu'on les suive ces pionniers qui arrachent les ronces qu'avaient laissé croître les mystiques contemplateurs des nuages. Donner à l'homme des exemples humains à suivre est toujours plus profitable et plus saint que de le faire voler à des hauteurs inouïes, où il stationne orgueilleux et superbe, et d'où il retombe plein de fiel et de dévote rancune.

Pour faire avancer l'humanité, a dit un historien moderne (1), il faut toujours « descendre des abstractions dans l'arène de la vie réelle. »

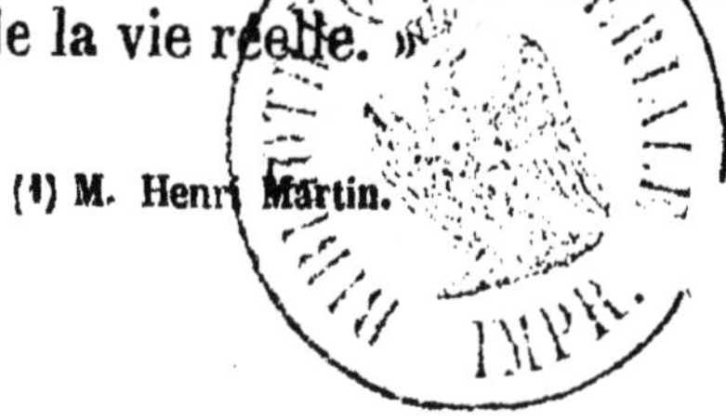

(1) M. Henri Martin.

2044. — Paris. Imp. de Ch. Bonnet, 42, rue Vavin.

www.ingramcontent.com/pod-product-compliance
Ingram Content Group UK Ltd.
Pitfield, Milton Keynes, MK11 3LW, UK
UKHW021558260726
13993UKWH00002B/921

9 782329 296739